U0572494

惠泽千载 光耀後世

晋城国保丛览

总览卷

晋城市人大常委会
晋城市文化和旅游局 编

文物出版社

图书在版编目（CIP）数据

惠泽千载　光耀后世：晋城国保丛览．总览卷 / 晋
城市人大常委会，晋城市文化和旅游局编 . -- 北京：文
物出版社，2025.6. -- ISBN 978-7-5010-8496-8

I. K872.25

中国国家版本馆 CIP 数据核字第 202412J11Z 号

惠泽千载　光耀后世——晋城国保丛览·总览卷

HUI ZE QIANZAI　GUANG YAO HOUSHI —— JINCHENG GUOBAO CONGLAN · ZONGLAN JUAN

编　　者：晋城市人大常委会　晋城市文化和旅游局

责任编辑：许海意
责任印制：张　丽
装帧设计：王　露

出版发行：文物出版社
社　　址：北京市东城区东直门内北小街 2 号楼
网　　址：http://www.wenwu.com
邮　　箱：wenwu1957@126.com
经　　销：新华书店
印　　刷：上海雅昌艺术印刷有限公司
开　　本：889mm×1194mm　1/16
印　　张：9.5
版　　次：2025 年 6 月第 1 版
印　　次：2025 年 6 月第 1 次印刷
书　　号：ISBN 978-7-5010-8496-8
定　　价：1600.00 元（全七册）

本书版权为独家所有，非经授权，不得复制翻印

惠泽千载　光耀后世——晋城国保丛览·总览卷

编委会

主　　任：常　青

副主任：李翠叶　窦三马　史晓莉　王贵平　王学忠　董小清

　　　　侯贵宝　闫建升　原光辉

委　　员：王　毅　王东胜　郑忠社　张建军　王　强　卫　娟

　　　　郭　婕　孟晓芳　孔宏伟　王雪瑞　申　飞　赵　静

　　　　梁丑仁　郭秀军　李　丽　常沁芳　高常青　李志强

　　　　申志国　陈雄军　靳雅芬　王小斌　焦江峰

主　　编：常　青

副主编：王　毅　王东胜

审　　稿：王春波　肖迎九　张广善　冯敏莹　柴斌峰　刘鳞龙

撰　　稿：程　勇

序

太行东南倾，大势宏开。《列子·汤问》中记载："太行、王屋二山，方七百里，高万仞。"在这雄伟的地域中，晋城如同一颗璀璨明珠镶嵌其中，闪耀着历史的光芒。

晋城文明的起源，可以追溯至两万余年前的旧石器时代晚期，这在多处古人类遗址中得到印证。距今约12.8万～2.1万年的沁水县下川遗址、约3.1万～2.9万年的陵川县塔水河古人类洞穴生活遗址等，以时间为轴，记录着人类厚重隽永的光阴故事。智慧的火光划过漆黑的夜幕，照亮上古时代人们赖以生存的山林洞穴。晋城目前有95处石器时代遗迹。旧石器、新石器一脉相承，揭开了晋城文明傲立于世的辉煌篇章。

相传，夏朝末帝桀牧野战败，退守晋城，建立高都；商朝贵族箕子隐居陵川，发明围棋。公元前770年周平王东迁洛邑，进入群雄争霸的春秋时代，晋国作为勃兴之国，成为春秋五霸之一。晋城同属晋国，尊王攘夷，虎视天下，兼地灭国，逐鹿中原，成百年霸业。即使三家分晋，诸侯割据，晋城仍承衣钵，以韩国之地与诸强激烈角逐，叱咤风云，气吞山河，闪耀着强悍的晋地风采。其间，孔子来访，项橐智辨；嬴秦来攻，力战长平。唐武德三年（620），"析丹川置晋城隶之"，始见晋城之称。雍正六年（1728），升为泽州府，附廓置凤台县。1914年改凤台县为晋城县。晋城之名，自唐至今已有1400余年历史。晋城之市，孕育、诞生在1985年改革开放大潮中，现已跃居全省经济发展第一方阵，城市知名度和影响力不断提升。漫长悠久的晋城历史，同时孕育了生生不息的文明之脉。

在这片浸透着文明汁液的土地上，繁衍生息的晋城人民，创造了丰富多彩的文化，沉淀下丰厚精彩的遗产，绘就出一幅生动的文化长卷。晋城的国保单位，从神秘的沁河古堡到庄严的青莲古刹，从完整的社会镜像壁画到精妙的二十八宿彩塑，从空灵的佛国世界到唯实的现世事功，从庙堂到堡寨，从府邸到民居，一处处古堡，一座座寺庙，一尊尊彩塑，一幅幅壁画，仿佛在与你低声絮语，让你沉浸在那段久远的岁月与动人的故事中……这些遍布在晋城大地上的国保单位，让这座古老的地区显得深邃而厚重，堪称中国古建博物馆。据统计，全市不可移动文物总量6601处，居全省第四。每平方公里文物密度约0.7处，居全省第一。其中古建筑类文物5447处，占文物总量的82.52%。元及元以前古建筑132座，占到全国628座的21%，占到全省518座的25%。全市现有全国重点文物保护单位72处，位列全国地级市第四。此外还有省级文物保护单位78处，市级文物保护单位476处，县级文物保护单位200处。

世间万物，皆有承衍，唯有文字，可传久远。晋城市人大常委会牵头、市文化和旅游局组织编撰的《惠泽千载 光耀后世——晋城国保丛览》即将面世。这是我市文物界的一件盛事。全书分总览卷、市直城区卷、泽州卷、高平卷、阳城卷、陵川卷、沁水卷共七卷，以图文并茂的形式推介宣传晋城72处国保。这部书是对晋城文物的历史谱系、价值传承的深入挖掘，72处国保背后是绵延传承的中国优质传统文化的精神和信仰。

希望通过我们的努力，能让大家凭此图册，穿越千年云烟，触摸历史脉搏，感受文化魅力，探寻文明之源，不断推动中华优秀传统文化创造性转化、创新性发展，让中华文脉在创新中绵延悠长。惠泽千载，亦必将光耀后世！

前 言

习近平总书记指出："文化是一个国家、一个民族的灵魂。文化兴国运兴，文化强民族强。没有高度的文化自信，没有文化的繁荣兴盛，就没有中华民族伟大复兴。"作为三晋东南的太行山城，晋城也有其历史文化发展演进的艰辛历程、沧桑过往，这些看似平凡的点滴之功，铸就了足以彪炳史册、流传千载的璀璨文化遗产。

2022 年 10 月以来，在晋城市人大常委会的大力支持和指导下，市文化和旅游局积极组织协调各方力量，以国保单位的保护利用现状为基础，着手编撰了《惠泽千载 光耀后世——晋城国保丛览》。经前期筹划、资料收集、编撰设计、专家验收、校对审核等程序，这部一套七卷的大型文物图书即将付梓。按照书籍的结构体例，在敬请读者品读正文之前，有一前言短文对全书进行摘要介绍，以作点睛之用。

点睛者何？ 2022 年 7 月 22 日，在北京召开的全国文物工作会议首次提出了"保护第一、加强管理、挖掘价值、有效利用、让文物活起来"的新时代文物工作总要求，毫无疑问让"文物活起来"成为着眼点和落脚点。在本书一稿时，除总览外，其余各卷的框架多以遗产概况、建筑特点、价值特色、文献撷英、活化利用五部分构成，意在让文物说话，以更好地契合当下的文物工作总要求。编撰过程中，编委会认真听取行业专家和市人大教工委关于书稿的修改完善意见，鉴于让"文物活起来"的总要求刚提出不久，尚处于积累实践经验的过程中，单独作为每处国保的一部分介绍比较单薄，且利用方式趋同，故将72处国保的活化利用部分总结于此一并介绍。

经梳理总结提炼，文物的活化利用无外乎展示、旅游、创意三大方面的价值：从展示看，有红色文化、科普基地、廉政基地、教学基地、博物馆、展览馆等；从旅游看，有高端民宿、青年旅舍、乡村旅游、生态旅游、文化公园、古堡康养等；从创意看，有文艺创作、影视基地、创意展示、网络游戏、数字化等。三大方面价值的体现和外溢，既可以是单独的，也可以是复合的，只要有利于古老文物焕发青春，有利于弘扬中华优秀文化传统，有利于赋能经济社会发展，都可以在新时代文物工作总要求的框架内放手实践，再谱华章。

72处国保从历史走来，成为不朽的历史，成为延续的文脉。这72处凝结着历史人文之光的晋城国保，将即刻化作书籍呈于您手，您必将在解读他们的过程中感受到晋城人民"崇实守信、开放包容、争先创新"的精神内核。

编委会

二〇二五年六月

目 录

晋城市全国重点文物保护单位基本信息统计表

编号	管理层级	名称	时代	地址	国保批次	公布文号	公布时间
1	市 直	青莲寺	唐至清	泽州县金村镇寺南庄村	第三批	国发〔1988〕5号	1988年1月13日
2		玉皇庙	北宋至清	泽州县金村镇府城村			
3	泽州县	晋城二仙庙	北宋	泽州县金村镇东南村	第四批	国发〔1996〕47号	1996年11月20日
4	高平市	姬氏民居	元	高平市陈区镇中庄村			
5	陵川县	南吉祥寺	北宋至清	陵川县礼义镇平川村			
		北吉祥寺		陵川县礼义镇西街村			
6	泽州县	泽州岱庙	北宋至明	泽州县南村镇冶底村	第五批	国发〔2001〕25号	2001年6月25日
7	高平市	崇明寺	北宋至明	高平市河西镇郭家庄村			
8		开化寺	北宋至清	高平市陈区镇王村东北约2千米舍利山上			
9		游仙寺		高平市河西镇宰李村东北约1.5千米牛山上			
10		定林寺	元至清	高平市米山镇米西村北约2千米大粮山山腰			
11	陵川县	小会岭二仙庙	北宋至清	陵川县附城镇小会村东南约800米处小会岭上			
12		龙岩寺	金至明	陵川县礼义镇梁泉村			
13		崔府君庙	金至清	陵川县礼义镇北街村			
14		西溪二仙庙		陵川县崇文镇岭常村			
15	泽州县	碧落寺	北朝至民国	泽州县巴公镇南连氏村	第六批	国发〔2006〕19号	2006年5月25日
16		北义城玉皇庙	北宋至清	泽州县北义城镇北义城村			
17		周村东岳庙		泽州县周村镇周村村			
18		大阳汤帝庙	元至清	泽州县大阳镇西街村			
19	高平市	羊头山石窟	北朝至唐	高平市神农镇李家庄村北羊头山麓			
20		西李门二仙庙	金至清	高平市河西镇西李门村			
21		二郎庙		高平市寺庄镇王报村			
22		中坪二仙宫		高平市北诗镇南村中坪自然村西北约1千米翠屏山麓			
23		清梦观	元至清	高平市陈区镇铁炉村			

编号	管理层级	名称	时代	地址	国保批次	公布文号	公布时间
24	高平市	古中庙	元至清	高平市神农镇中庙村			
25	阳城县	下交汤帝庙	北宋至清	阳城县河北镇下交村			
26		开福寺	金至明	阳城县县城内			
27		润城东岳庙	金至清	阳城县润城镇润城村			
28		砥洎城	明	阳城县润城镇润城村			
29		海会寺		阳城县北留镇大桥村			
30		郭峪村古建筑群	明至清	阳城县北留镇郭峪村			
31	陵川县	塔水河遗址	旧石器时代	陵川县夺火乡塔水河上游左岸的"Z"形拐弯处	第六批	国发〔2006〕19号	2006年5月25日
32		寺润三教堂	金	陵川县杨村镇寺润村			
33		三圣瑞现塔		陵川县西河底镇积善村			
34		玉泉东岳庙		陵川县附城镇玉泉村			
35		石掌玉皇庙	金至清	陵川县潞城镇石掌村			
36		南神头二仙庙		陵川县潞城镇九光村石圪峦自然村			
37		白玉宫		陵川县潞城镇郊底村			
38		崇安寺	元至清	陵川县崇文镇城西社区古陵路1号			
39	沁水县	郭壁村古建筑群	金至清	嘉峰镇郭壁村（郭南村、郭北村）			
40		窦庄古建筑群	元至清	沁水县嘉峰镇窦庄村			
41		柳氏民居	明至清	沁水县土沃乡西文兴村			
42		湘峪古堡		沁水县郑村镇湘峪村			
43	泽州县	河底成汤庙	北宋至清	泽州县大东沟镇双河底村	第七批	国发〔2013〕13号	2013年3月5日
44		高都景德寺		泽州县高都镇南街村			
45		坛岭头岱庙		泽州县北义城镇坛岭头村			
46		尹西东岳庙	金至清	泽州县北义城镇尹西村			
47		西顿济渎庙		泽州县高都镇西顿村			
48		川底佛堂		泽州县川底镇川底村			
49		史村东岳庙		泽州县下村镇史村村			
50		水东崔府君庙	元至清	泽州县金村镇水东村			
51		薛庄玉皇庙		泽州县高都镇薛庄村			
52		坪上汤帝庙	明至清	泽州县周村镇坪上村			
53		府城关帝庙	清	泽州县金村镇府城村			
54	高平市	大周村古寺庙建筑群	北宋至清	高平市马村镇大周村			

编号	管理层级	名称	时代	地　　址	国保批次	公布文号	公布时间
55	高平市	三王村三嵕庙	金至清	高平市米山镇三王村	第七批	国发〔2013〕13号	2013年3月5日
56		高平嘉祥寺		高平市三甲镇赤祥村			
57		石末宣圣庙		高平市石末乡石末村			
58		良户玉虚观	元至清	高平市原村乡良户村			
59		董峰万寿宫		高平市原村乡上董峰村			
60		南庄玉皇庙		高平市河西镇南庄村			
61		建南济渎庙		高平市建宁乡建南村			
62		仙翁庙	明至清	高平市寺庄镇伯方村			
63	陵川县	北马玉皇庙	金至清	陵川县附城镇北马村			
64		南召文庙	元至清	陵川县平城镇南召村			
65	阳城县	陈廷敬故居	明至清	阳城县北留镇黄城村			
66	泽州县	泽州崇寿寺	北宋至清	泽州县巴公镇西郜村村	第八批	国发〔2019〕22号	2019年10月7日
67	陵川县	田庄全神庙	元至清	陵川县附城镇田庄村			
68	高平市	团东清化寺	元至清	高平市神农镇团东村			
69	阳城县	阳城文庙		阳城县县城内			
70		阳城寿圣寺及琉璃塔	明至清	阳城县芹池镇阳陵村			
71	高平市	高平铁佛寺	明	高平市米山镇米西村			
72	市　直	怀覃会馆	明至清	城区南街街道驿后社区东巷309号			

注：郭壁村古建筑群因已并入2004年6月10日山西省人民政府公布的第四批省保单位（晋政发〔2004〕22号）——沁水县嘉峰镇郭壁村"崔府君庙"，该庙的时代为金至清，因此将"郭壁村古建筑群"的时代由明至清修正为金至清；沁水县嘉峰镇窦庄村"窦庄佛庙"，该庙的时代为元代，因此将"窦庄古建筑群"的时代由明至清修正为元至清。

晋城国保古建筑分布图

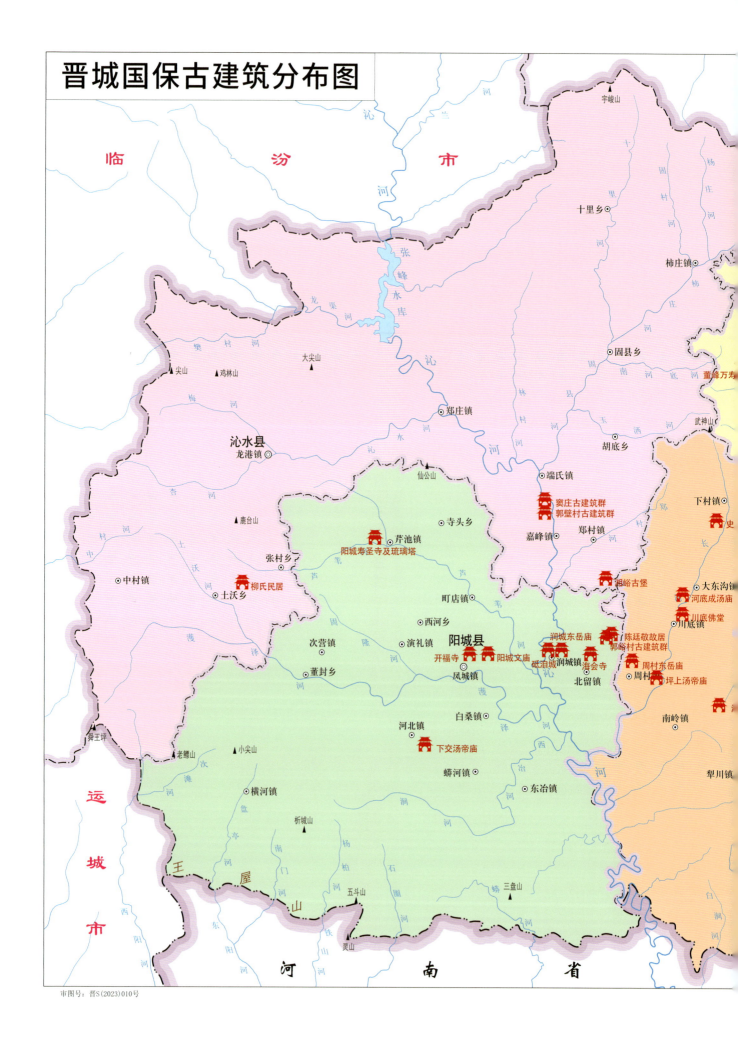

临 汾 市

运 城 市

河 南 省

临

沁水县

龙港镇

阳城县

凤城镇

审图号：晋S (2023) 010号

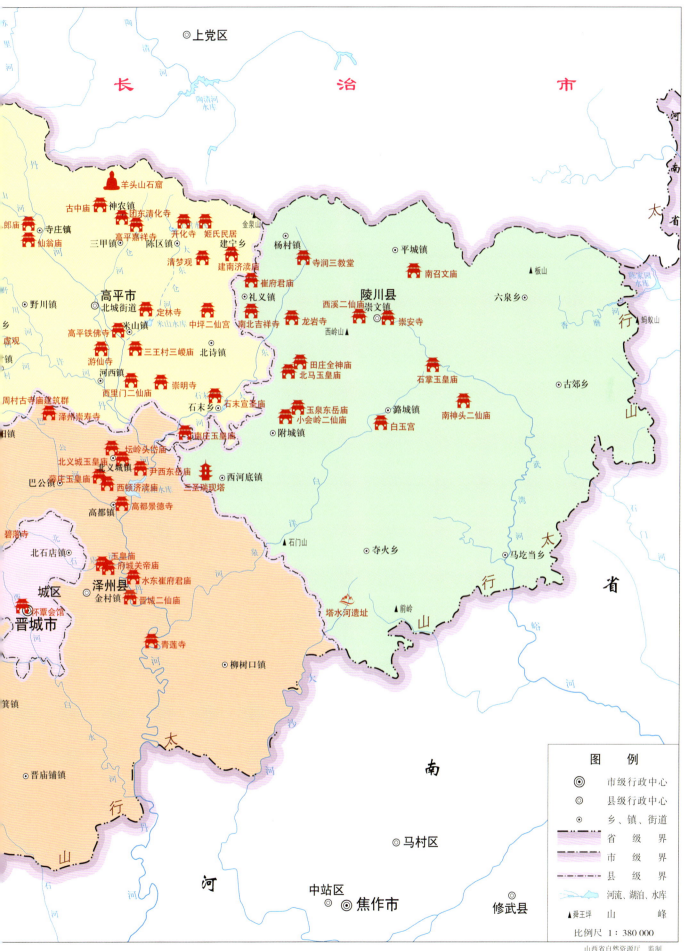

◎上党区

长   治   市

河南省

太 行 山

羊头山石窟
古中庙　神农镇　团东清化寺
高平嘉祥寺　开化寺　姬氏民居
寺庄镇
郎庙
仙翁庙
三甲镇　陈区镇　建宁乡
金泉山
杨村镇　　平城镇
板山
清梦观　　建南济渎庙
寺润三教堂　南召文庙
崔府君庙
礼义镇
陵川县
六泉乡◎
蚂蚁山
高平市
北城街道　定林寺
西溪二仙庙崇文镇
野川镇◎
米山镇　中坪二仙宫
南北吉祥寺　龙岩寺
崇安寺
西岭山
虚观
乡
高平铁佛寺
北诗镇
许
村
游仙寺　三王村三峻庙
田庄全神庙
北马玉皇庙
石掌玉皇庙
古郊乡◎
河西镇　崇明寺
周村古寺庙建筑群
西里门二仙庙
玉泉东岳庙
小会岭二仙庙
路城镇
南神头二仙庙
泽州崇寿寺
石末乡　石末宣圣庙
附城镇◎
白玉宫
镇
坛岭头岱庙
南庄玉皇庙
北义城玉皇庙
庄玉皇庙　北义城镇　尹西东岳庙
巴公镇
西顿济渎庙　　西河底镇
三圣瑞现塔
高都镇　高都景德寺
石门山
夺火乡◎
马圪当乡◎
碧落寺
北石店镇◎
玉皇庙
府城关帝庙
城区
坏覃会馆
晋城市
泽州县
水东崔府君庙
金村镇　晋城二仙庙
塔水河遗址
前岭
太 行 山 省
青莲寺
柳树口镇◎

晋庙铺镇◎

太 行 山

河   南

马村区◎

中站区
焦作市

修武县◎

箕镇

图　例
◎　市级行政中心
◎　县级行政中心
◎　乡、镇、街道
　　省　级　界
　　市　级　界
　　县　级　界
　　河流、湖泊、水库
▲舜王坪　山　　峰
比例尺 1：380 000

山西省自然资源厅　监制

01 青莲寺

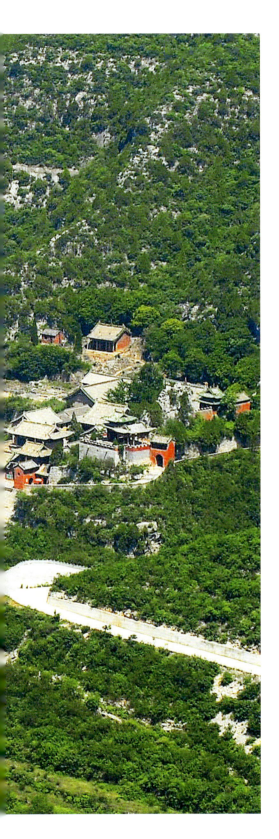

青莲寺位于晋城市区东南17公里处，泽州县金村镇硖石山南麓，始创于北齐天保年间（550—559），后人接续营建而成。寺院由上、下两座寺院组成，占地面积约2万平方米，东、西、北三面环绕硖石山，南临丹河和寺南庄村，背山面水、风光旖旎、山色秀美。其最为世人所重者为下寺弥勒殿现存的6尊唐代彩塑，作为我国现存唐代塑像寺观三处中的一处，弥足珍贵；尤其是主尊垂腿弥勒佛，为我国现存唐代彩塑中唯一的一尊。弥勒居中，阿难、普贤居右，迦叶、文殊居左，供养菩萨居前，或端庄、或娴静、或恭谨、或持重、或虔诚，极富艺术感染力，历经数世沧桑，赓续于今，叹为观止！

1988年1月13日被国务院公布为第三批全国重点文物保护单位。

◀ 青莲寺全景
▼ 下寺弥勒殿彩塑

青莲寺

02 玉皇庙
/ *YUHUANG MIAO*

　　玉皇庙位于晋城市区东北 13 公里处，泽州县金村镇府城村。北宋熙宁九年（1076）创建，金泰和七年（1207）大修，元至元元年（1335）再次重修，自此以后或修缮或增建，奠定了如今坐北朝南、四进院落的建筑格局。庙宇南北长、东西宽，占地面积约 1 万平方米。

　　作为全国道教庙宇中的翘楚，保存传世有宋、元、明、清时期的珍贵彩塑 284 尊，堪比博物馆；尤其是反映我国古代天文观测的元代二十八星宿彩塑，动静结合，惟妙惟肖，是冠绝海内的神话人物雕塑艺术形象。亦保存有彩塑、木雕、碑刻、琉璃等附属文物，兼具研究和观赏价值。

　　1988 年 1 月 13 日被国务院公布为第三批全国重点文物保护单位。

◀ 玉皇庙全景
▼ 二十八宿彩塑

03 晋城二仙庙
/ JINCHENG ERXIAN MIAO

晋城二仙庙位于晋城市区东13公里处，泽州县金村镇东南村。北宋绍圣四年（1097）创建，其坐北朝南，二进院落，南北长，东西宽，占地面积约2700平方米。现存正殿为北宋遗构，殿内正中存世的北宋小木作神龛为世人称道。其斗栱额枋、瓦兽滴水等建筑构件皆精美呈现，展现了当时匠人炉火纯青的木工技艺。神龛内供奉晋东南地区特有的地方神"乐氏二女"，宋徽宗时敕封二姐妹为"冲惠、冲淑"二真人。神龛精美繁复，彩塑清秀隽永。游历至此，仿佛在与北宋《营造法式》作者、建筑大师李诫促膝而谈，又若与相隔千年灿烂文化凝眸对视。

1996年11月20日被国务院公布为第四批全国重点文物保护单位。

◀ 晋城二仙庙全景
▼ 正殿内神龛

04 姬氏民居
/ JISHI MINJU

姬氏民居位于高平市区东北 18 公里处的陈区镇中庄村，占地面积约 98 平方米。据民居西侧门砧石题记，判定该民居创建于元至元三十一年（1294）。根据民居研究资料，该民居是国内目前发现的唯一具有铭文纪年的元代民居建筑，在中国传统民居断代和研究上具有典型的标本价值。

1996 年 11 月 20 日被国务院公布为第四批全国重点文物保护单位。

◀ 姬氏民居正面
▼ 门砧石及题记

05 南北吉祥寺
/ *NANBEI JIXIANG SI*

　　南北吉祥寺位于陵川县城西 16 公里处的礼义镇，南北两寺相距约 2 公里，南吉祥寺位于平川村，北吉祥寺位于西街村。总占地面积逾 5300 平方米。据寺内存碑记载，前者始建于唐贞观年间（627—649），后者始建于唐大历八年（773）；北宋太平兴国三年（978）北吉祥寺敕书赐名北吉祥院，天圣八年（1030）南吉祥寺赐额南吉祥院。元以后历代对两寺各有不同程度修缮，反映了宋至清不同时期地方建筑形制和技法的演变。

　　1996 年 11 月 20 日被国务院公布为第四批全国重点文物保护单位。

　　最饶有文化趣味的是，人们为何在如此近的距离修建两座用于避凶趋吉、祈求吉祥嘉庆的寺院，期待更为深入的人文研究来解答。

◀ 北吉祥寺全景
▼ 左：南吉祥寺碑文（局部）
　 右：北吉祥寺中殿

06 泽州岱庙

/ ZEZHOU DAI MIAO

泽州岱庙位于晋城市区西南 17 公里处的泽州县南村镇冶底村。庙宇坐北朝南，依山就势而建，随地势高低分为上、下两院，占地面积约 3720 平方米。

其创建年代已不可稽考，北宋大中祥符四年（1011）封东岳泰山神为"天齐仁圣帝"。据庙内天齐殿北宋元丰三年（1080）四根青石施柱的题记判断，北宋时期应已蔚为壮观。北宋以降，金、元、明、清屡有修缮、增建。整个建筑群错落有致，竹木掩映，环境清幽，颇具"造化钟神秀，阴阳割昏晓"的意境。每逢秋日，拾级而上，徜徉于千年银杏渐染、悠悠古寺禅香、曼妙鱼沼舞楼之际，仿佛穿越千年时空隧道，令人心驰神往。

2001 年 6 月 25 日被国务院公布为第五批全国重点文物保护单位。

◀ 泽州岱庙全景
▼ 左：天齐殿石柱题记
　 右：天齐殿正面图

07 崇明寺
/ *CHONGMING SI*

　　崇明寺位于高平市区东南18公里处的河西镇郭家庄村西圣佛山。寺院坐北朝南，二进院落，为不规则长方形，南北长57.83米，东西宽33.86米，占地面积约1958平方米。据北宋淳化二年（991）的《创修敕赐圣佛山崇明之寺记》记载，寺院始创于北宋开宝（968—976）初年。现存中佛殿为宋代建筑，余者明清皆有之。中佛殿面阔三间，进深六椽，单檐九脊顶。其最大特点是殿内梁架呈复梁式，中上层梁栿囿于材料所限，由两段拼接而成，俗称"断梁"。此举反映出北宋初期建筑匠人对木结构建筑力学知识的认识水平及其小材大用的实践创新精神。

　　2001年6月25日被国务院公布为第五批全国重点文物保护单位。

◀ 崇明寺全景
▼ 崇明寺后殿

08 开化寺
/ *KAIHUA SI*

　　开化寺位于高平市区东北 22 公里处的陈区镇王村东北舍利山。寺院坐北朝南，由东西两座院落组成，占地面积约 4000 平方米。据寺内现存碑刻记载，该寺唐末已有之，时称清凉寺。后梁开平四年（910），大愚禅师广其规模，北宋时改称开化寺并重修，金后各朝代有修缮或增扩。

　　2017 年，北大赛克勒考古与艺术博物馆举办了"山西高平开化寺壁画"专题展览，展出了大雄宝殿内北宋元祐七年（1092）至绍圣三年（1096）绘制的 88.68 平方米壁画，使观者身临其境般陶醉于古建魅力与绘画艺术中。

　　2001 年 6 月 25 日被国务院公布为第五批全国重点文物保护单位。

◀ 开化寺全景
▼ 开化寺近景

09 游仙寺

/ *YOUXIAN SI*

　　游仙寺位于高平市区南 10 公里处的河西镇宰李村东北的游仙山。寺院坐北朝南，由三进院落和西跨院组成，占地面积约 3860 平方米。据寺内现存碑刻推断，寺院在北宋康定二年（1041）已具雏形。北宋以后继续修缮扩建并保存至今，反映了宋至清不同时代的建筑技术和艺术审美。因其规模宏大，倚山临水，古人谓之"大河贯其中曰浮云，名山亘其上曰游仙"，代代相传此寺得冠"游仙寺"之名。山环水绕之地，缀以佛寺古刹，晨钟暮鼓，余香袅袅，气象万千。明清时，人们将这一幅图画美誉为"游仙晓钟"，为高平古八景之一。

　　2001 年 6 月 25 日被国务院公布为第五批全国重点文物保护单位。

◀ 游仙寺全景
▼ 游仙寺毗卢殿

10 定林寺
/ DINGLIN SI

　　定林寺位于高平市区东南 5 公里处的米山镇米西村北大粮山。寺院坐北朝南，群山环绕，苍松翠柏，随地势建成上下两院及东跨院，占地面积约 8000 平方米。其创建年代不详，唐长兴年间（930—933）、金皇统八年（1148）皆有重修，元明清三代或修缮或重修。现存雷音殿为元代建筑，余皆为明清建筑。雷音殿之后有定林泉，泉水自"问津""止涓"两石洞婉约流淌，滋养大千世界，惠泽十方众生。经雷音殿拾级而上至寺内最高处七佛殿，凭栏远眺，苍松翠柏，山水楼阁，晨钟暮鼓，翼角飞檐，瓦垄脊兽，尽收眼底，美不胜收。

　　2001 年 6 月 25 日被国务院公布为第五批全国重点文物保护单位。

◀ 定林寺全景
▼ 定林寺近景

11 小会岭二仙庙

/ XIAOHUILING ERXIAN MIAO

　　小会岭二仙庙位于陵川县城西南 18 公里处的附城镇小会村东南小会岭上。庙宇坐北朝南，二进院落，南北长，东西宽，占地面积约 1270 平方米。其创建年代不可稽考，据献殿前莲花状香炉上北宋熙宁四年（1071）《二仙醮盆记》石刻推断，至迟在北宋嘉祐八年（1063）已有之，所祭祀的是晋东南地区特有的"冲惠、冲淑"二仙。现存正殿为宋代遗构，余皆明清建筑。每年阴历四月十四日请神十七日送神期间，十里八乡云集于此，乐户酬神，百姓祈福，娱神与娱人相得益彰，成为地方特有的文化现象。

　　2001 年 6 月 25 日被国务院公布为第五批全国重点文物保护单位。

◀ 小会岭二仙庙全景
▼ 小会岭二仙庙院内全景

小
会
岭
二
仙
庙

12 龙岩寺
/ *LONGYAN SI*

龙岩寺位于陵川县城西 10 公里处的礼义镇梁泉村。寺院坐北朝南，二进院落，南北长，东西宽，占地面积约 1863 平方米。据寺内金大定三年 (1163)《龙岩寺记》勒石所载，北齐时已有之，金天会七至十二年 (1129—1134) 重修，金大定三年赐名龙岩寺。现存中佛殿 (过殿) 为金代遗构，其余为明清建筑。龙岩寺所贵者二，一者金代建筑实例，二者龙岩寺之名由施主众筹钱款，经由礼部赐名，为研究金代公卖寺院敕牒制度的重要文献。

2001 年 6 月 25 日被国务院公布为第五批全国重点文物保护单位。

◀ 龙岩寺全景
▼ 龙岩寺中佛殿

13 崔府君庙
/ *CUI FUJUN MIAO*

崔府君庙位于陵川县城西 16 公里处的礼义镇北街村。庙宇坐北朝南，二进院落，建于一高达 3 米的平台之上，规制完整，占地面积约 3015 平方米。颇有汉唐高台建筑遗风。

据民国二十三年（1934）的《重修府君庙碑记》记载，金大定二十四年（1184）曾重修，以后代有修缮。庙内祭祀地府判官崔珏。整个建筑群风格古朴典雅，结构简练疏朗，既反映了地域风格建筑技艺的传承发展，也寓意着人们对公平正义的美好希冀。

2001 年 6 月 25 日被国务院公布为第五批全国重点文物保护单位。

◀ 崔府君庙全景
▼ 崔府君庙献殿

14 西溪二仙庙
/ *XIXI ERXIAN MIAO*

　　西溪二仙庙位于陵川县城西 3 公里处的崇文镇岭常村西庙头自然村。庙宇坐北朝南，二进院落，建于一处山坳之中，占地面积约 2954 平方米。四周青山环绕，春暖花开之时慕名游览"西溪春色"者络绎不绝。据金大定五年（1165）《重修真泽二仙庙碑》，北宋崇宁年间（1102—1106）加封"冲惠、冲淑"为仙人，庙号真泽。现存后殿、东梳妆楼为金代遗构，余者元皆明清建筑。金代文豪元好问少时曾居陵川，其诗《张彦宝陵川西溪图》赞曰："松林萧萧映灵宇，烁石流金不知暑。太平散人江表来，自讶清凉造仙府。不到西溪四十年，溪光机影想依然。"

　　2001 年 6 月 25 日被国务院公布为第五批全国重点文物保护单位。

◁ 西溪二仙庙全景
▽ 西溪二仙庙后殿

15 碧落寺
/ *BILUO SI*

碧落寺位于晋城市区西北8公里处的泽州县巴公镇南连氏村东北。石窟循溪流东西走向，面南背北，依山凿筑，分为东中西三窟，始开凿于北魏太和六年（482），至唐大和六年（832）进入尾声，附属设施及文人墨客题记等多为北宋以后。窟内造像为北魏至唐常见的一佛二菩萨、一佛二弟子二菩萨、一佛二弟子二菩萨二天王及佛教祥瑞之物等。明成化版《山西通志》载此寺古名圣佛院，北宋治平（1064—1067）中赐号治平院，元至元五年（1339）更名碧落寺。清代陈廷敬秋日来此览胜时，咏曰："碧落天边寺，青山有梦寻。迳迷初地远，人觉化城深。猿鹤三秋意，钟鱼一昔心。到来想陈迹，黄叶满前林。"

2006年5月25日被国务院公布为第六批全国重点文物保护单位。

◀ 碧落寺石窟
▼ 碧落寺西窟洞内佛像

16 北义城玉皇庙
/ BEIYI CHENG YUHUANG MIAO

　　北义城玉皇庙位于晋城市区东北 25 公里处的泽州县北义城镇北义城村。庙宇坐北朝南，二进院落，南北长，东西宽，占地面积约 3500 平方米。其创建年代不可稽考，现存玉皇殿为宋代遗构，余皆明清建筑。据二进院玉皇殿前青石檐柱题记判断，北宋大观四年 (1110) 时庙宇已颇具规模。这四根八棱青石檐柱位于 1.2 米砂石台基之上，且带有侧角收分生起做法，与其他柱网结构一道，共同推举起灵动的九脊歇山顶屋面，真切生动地诠释着彼时的建筑审美和匠心独运。

　　2006 年 5 月 25 日被国务院公布为第六批全国重点文物保护单位。

◀ 北义城玉皇庙全景
▼ 北义城玉皇庙正殿

17 周村东岳庙

/ ZHOUCUN DONGYUE MIAO

　　周村东岳庙位于晋城市区西 23 公里处的泽州县周村镇周村。庙宇坐北朝南，二进院落。占地面积 5280 余平方米。其创建年代不可稽考，结合勒石于明隆庆四年 (1570) 的《泽州周村镇重修庙祀记》、天齐殿元至元十五年 (1278) 的施门题记及建筑形制推断，庙宇自北宋元丰五年 (1082) 奠定建筑格局后，元明清代有修缮或重修。现存天齐殿、关帝殿、财神殿为宋代遗构，余皆明清建筑。整个建筑群居于村镇北部高岗，居高临下、俯瞰全镇，一字三大殿、一庙三戏台，殿宇巍峨、舞楼高耸，融道家神灵殿堂与地方风景名胜于一身，恢宏大气、气宇轩昂。

　　2006 年 5 月 25 日被国务院公布为第六批全国重点文物保护单位。

◀ 周村东岳庙全景
▼ 周村东岳庙正殿一排

18 大阳汤帝庙

/ *DAYANG TANGDI MIAO*

大阳汤帝庙位于晋城市区西北 23 公里处的泽州县大阳镇东街村。庙宇坐北朝南，一进院落，南北长，东西宽，占地面积约 3036 平方米。据北宋宣和元年（1119）的《重修汤王殿宇记》和明万历七年（1579）的《重修汤帝庙东廊房记》可知，其创建于北宋乾德五年（967），后毁于战火，元至正四年（1344）重修，明清两代或增建或修缮。现存成汤殿为元代遗构，余皆明清建筑。

成汤殿为了增加建筑室内展示空间的需要，不仅大量使用了宋辽时期的减柱移柱技艺，而且配以低矮粗壮的檐柱和略作砍斫的自然弯材檐额，体现出元代建筑浓郁的粗犷之风。

2006 年 5 月 25 日被国务院公布为第六批全国重点文物保护单位。

◀ 大阳汤帝庙全景
▼ 成汤殿

19 羊头山石窟
/ *YANGTOU SHAN SHIKU*

　　羊头山石窟位于高平市区北 18 公里处的神农镇李家庄村北羊头山。羊头山为太行山余脉首阳山之主峰，因其山巅处有一伏羊佛龛造像而得名。石窟开凿于山脉南坡，根据造像风格和考古研究，开窟造像活动大致为北魏太和年间至唐武宗会昌灭佛之时，即 477—846 年。自山顶至山腰分 11 个区域，约有 40 余窟，另有千佛碑、石塔等文物遗存。

　　羊头山石窟与山脚的神农庙、东南不远处的庄里村炎帝陵，共同构成了羊头山炎帝文化风景名胜区。在这片钟灵毓秀之地，每年阴历四月初八，海峡两岸各界共谒人文始祖神农炎帝，携手谱写振兴中华的新篇章。

　　2006 年 5 月 25 日被国务院公布为第六批全国重点文物保护单位。

◄ 羊头山全景
▼ F 区石窟

羊头山石窟

20 西李门二仙庙

　　西李门二仙庙位于高平市区东南 14 公里处的河西镇西李门村岭坡自然村北。庙宇坐北朝南,南北长 84.76 米,东西宽 32.85 米,占地面积 2784 平方米。庙内主要供奉"冲惠、冲淑"二仙。据庙内前殿现存的金正隆二年(1152)门楣题记、后殿台基处金大定三年(1163)《举义乡丁壁村砌基阶记》等碑刻可知,其创建于唐末,金元明清或重修或增建。现存前殿为金代遗构,余者明清建筑。庙内露台所绘的队戏图、巾舞图,使今人于鼓乐齐鸣、载歌载舞的意境中回味宋金交替之际的世俗风华。

　　2006 年 5 月 25 日被国务院公布为第六批全国重点文物保护单位。

◀ 西李门二仙庙全景
▼ 西李门二仙庙前殿

21 二郎庙
/ ER LANG MIAO

　　二郎庙位于高平市区西北 11 公里处的寺庄镇王报村北土岗。庙宇坐北朝南，一进院落，南北长 42.46 米，东西宽 30.78 米，占地面积 1300 余平方米。

　　其创建年代不详，现存戏台为金代建筑，其余建筑明清风格。据戏台正面右下方一块束腰石上"时大定二十三年岁次癸卯秋十有三日，石匠赵显、赵志刊"的题记可知，该戏台创建于金大定二十三年(1183)。二郎庙戏台作为我国现存最古老之戏台，将我国戏台实物史从元代提早至金代。戏台虽无言，却历经沧桑过往，以独特的方式传承着道德文章，滋养着文化血脉。

　　2006 年 5 月 25 日被国务院公布为第六批全国重点文物保护单位。

◀ 二郎庙全景
▼ 二郎庙戏台

22 中坪二仙宫
/ ZHONGPING ER XIAN GONG

中坪二仙宫位于高平市区东 26 公里处的北诗镇南村中坪自然村西北的翠屏山上。庙宇坐北朝南,一进院落,南北长,东西宽,占地面积约 2040 平方米。庙内供奉冲惠、冲淑二仙姑。

其创建年代不详。据正殿佛台须弥座金大定十二年(1183)题记、元至元五年(1339)《大元国泽州高平县举义乡话壁村翠屏山重修真泽行宫之记》等碑刻记载,金元明清屡见修缮、重修。现存正殿为金代遗构,余者明清建筑风格。登临此地,背靠青山,环望阔野,实乃静雅清幽、天人合一之妙境。

2006 年 5 月 25 日被国务院公布为第六批全国重点文物保护单位。

◀ 中坪二仙宫全景
▼ 中坪二仙宫正殿

中坪二仙宫

23 清梦观
/ QINGMENG GUAN

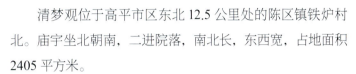

清梦观位于高平市区东北 12.5 公里处的陈区镇铁炉村北。庙宇坐北朝南，二进院落，南北长，东西宽，占地面积 2405 平方米。

据庙内现存勒石蒙古中统二年 (1261)《创建清梦观记》及明清碑刻所记，其创建于元世祖改国号为元之际，明清皆有重修。现存中殿为元代遗构，余者明清建筑风格。此道观创立者姬志玄，历经金元兵乱，目睹百姓流离，遂出尘而入道，道号洞明子，归乡之后，舍祖居之地兴建道观。"名斯观于清梦，为觉者之蘧庐"不仅是碑文，更是道家淡泊名利、舍己为人哲学思想的贴切反映。

2006 年 5 月 25 日被国务院公布为第六批全国重点文物保护单位。

◀ 清梦观全景
▼ 清梦观中殿

24 古中庙

古中庙位于高平市区北东北 10.5 公里处的神农镇中庙村。庙宇坐北朝南,三进院落,占地面积约 1.2 万平方米。其创建年代不详,据庙内元至正二十一年(1361)《创建神农太子祠并子孙殿志》所记,至迟元至正十五年(1355)就已存在,为高平市神农庙宇之一。现存太子殿为元代遗构,余皆明清建筑风格。太子殿结构精巧,其殿内不用横梁,内饰八角形覆斗藻井,以檐柱、角梁、斗栱等构件分布传导上层单檐歇山顶受力,冠以殿名却宛若亭榭,给人以灵动别致、耳目一新之感。

2006 年 5 月 25 日被国务院公布为第六批全国重点文物保护单位。

◀ 古中庙全景
▼ 古中庙太子殿

25 下交汤帝庙
/ XIAJIAO TANGDI MIAO

　　下交汤帝庙位于阳城县城西南 15 公里处的河北镇下交村。庙宇坐北朝南，二进院落，南北长，东西宽，占地面积约 2044 平方米。据庙内现存碑记及石柱题记，至迟在金大安三年（1211），庙宇就已颇具规模。现存拜殿为金代遗构，余者明清建筑风格。

　　置身庙内，品读碑文，鉴赏古建，油然而生对古之先贤的崇敬之心、敬佩之情。

　　2006 年 5 月 25 日被国务院公布为第六批全国重点文物保护单位。

◀ 下交汤帝庙全景
▼ 下交汤帝庙拜殿

下交汤帝庙

26 开福寺
/ *KAIFU SI*

开福寺位于阳城县城内，凤城镇东关村凤凰东街人民巷13号。寺院坐北朝南，一进院落，据清雍正版《泽州府志》记载，其始建于北齐天保四年（553），后晋天福四年（939）重建，金元明清或修缮或重修。金大定前为文殊寺，后改福严寺，明洪武后称开福寺，曾作为僧团管理机构僧会司的办公场所。寺院原有三进院落，现仅存大雄宝殿、献殿和戏台。其中大雄宝殿金代遗构，献殿元代遗构，余皆明清建筑风格。

寺院除建筑特色外，琉璃脊饰也显示出当地特有的烧制技术和艺术审美，为有明一代阳城乔氏琉璃的存世代表之作。

2006年5月25日被国务院公布为第六批全国重点文物保护单位。

◀ 开福寺大雄宝殿
▼ 开福寺献殿

27 润城东岳庙

润城东岳庙位于阳城县城东 12 公里处的润城镇润城村三门街。庙宇坐北朝南,占地面积约 3000 平方米。据 1990 年版《阳城县志》、明万历二十一年 (1593)《重修东岳庙记》碑刻可知,其始建于北宋,原有三进院落,现仅存献殿、正殿、后殿。据其石柱存金承安四年 (1199) 题记,知其中正殿为金代遗构,其余建筑皆为明清建筑风格。整个建筑琉璃脊饰精美,献殿藻井华丽,代表了当时造诣精湛的琉璃与木作技艺。

此外,单檐悬山顶的正殿,歇山顶的明代献殿,其石制栏板、望柱之上,除雕刻常见的石狮外,另见石象、望天吼、石猴、麒麟、行龙等瑞兽,样貌灵动可爱。

2006 年 5 月 25 日被国务院公布为第六批全国重点文物保护单位。

◀ 润城东岳庙正殿
▼ 润城东岳庙献殿

28 砥洎城
/ DI JI CHENG

砥洎城位于阳城县城东13公里处的润城镇润城村北寨上。砥者,屹立;洎者,洎水。因明清时期沁水至阳城段的乡民享受沁河润泽,也称此段沁河为洎水,故有砥洎城之谓。

城若磐石,南接村镇,东西北三面为沁河环绕,周长704米,占地面积约3.7万平方米。居高远观神似砥柱中流分水。

其城始建何时不详,据明代杨载简于崇祯十一年(1638)所刻的《山城一览》图推断,现城址应在明末战乱时期曾有大规模营建。

环游斯城,雉堞高耸,炮台林立,街巷迂回,民居错落,见证并传承着这一方沃土特有的风土人情。

2006年5月25日被国务院公布为第六批全国重点文物保护单位。

29 海会寺
/ HAIHUI SI

　　海会寺位于阳城县城东北15公里处的北留镇大桥村西南。寺院坐北朝南，占地面积约2.48万平方米。据后周广顺二年（952）《龙泉禅院记》，唐乾宁元年（894）赐额"龙泉禅院"；宋太平兴国七年（982）赐额"海会寺"。可见其创建之早，金元明清屡有重修增建。

　　经临此地，首先映入眼帘者，为高低错落的高耸入云的两座宝塔，低者十层，建于后梁龙德二年（922），为高僧顺憼圆寂之后的舍利塔；高者十三层，建于明嘉靖四十四年（1565），为笃信佛教的功德主李思孝礼佛而建德如来塔。

　　寺院规模恢宏，塔刹巍峨，琉璃璀璨，龙泉淙淙，松柏常青，慕名而来览胜者，无不流连于此胜境。

　　2006年5月25日被国务院公布为第六批全国重点文物保护单位。

◀ 海会寺全景

30 郭峪村
古建筑群

　　郭峪村古建筑群位于阳城县城东北 20 公里处的北留镇郭峪村。村落依地势于樊溪两侧而建，古城占地面积约 17.9 万平方米。《郭峪村志》载，至迟在唐代村落已初具规模，明清两代商业繁荣，文风鼎盛。据统计，清代阳城全县有进士 51 人，郭峪一地即达 10 人，冠居全县之首。

　　现存古城建于明崇祯八年（1635），为防明末兵燹而建。是年农历正月十七动工，十月竣工。

　　其标志性建筑是雄伟的七层豫楼，建于明崇祯十三年（1640），高 30 米。登临其上俯视四方，便可洞悉周边种种境况，罗哲文先生誉之为"中国民居之瑰宝，雄堞高城郭峪村"。

　　2006 年 5 月 25 日被国务院公布为第六批全国重点文物保护单位。

◀ 郭峪村古建筑群全景

31 塔水河遗址
/ *TASHUI HE YIZHI*

　　塔水河遗址位于陵川县城东南48公里处的夺火乡塔水河上游葫芦坝左岸一处岩棚下。1985年发现，1986、1987年进行了两次小型试掘，石器类型有石核、刮削器、尖状器和锥钻等，原料为黑色燧石、脉石英、水晶等；哺乳动物化石有犀、斑鹿、马鹿、岩羊等。文化时代为旧石器时代晚期，根据骨化石标本测定，距今约约3.1万～2.9万年。

　　塔水河遗址的先民居住在长约30余米、宽约10米、顶高约30米的岩棚之中，以采摘狩猎为生。炎炎夏日，这里山清水秀、气候凉爽，成为消暑纳凉、访古寻踪者候鸟般栖居地的良选。

　　2006年5月25日被国务院公布为第六批全国重点文物保护单位。

◀ 塔水河遗址全景

寺润三教堂
/ SIRUN SANJIAO TANG

寺润三教堂位于陵川县城西北 20 公里处的杨村镇寺润村。其坐北朝南，东西长 13.5 米，南北宽 11.9 米，占地面积 161 平方米。其创建年代不可稽考，现存建筑为金代风格。三教堂建于高 1.4 米的石砌台基上，面阔三间，进深六椽，重檐歇山顶。一层出廊，廊角外侧施三根石质方形檐柱，内侧施檐一根石质方形内柱，共计使用 16 根石柱，内柱收分侧脚明显；一层斗栱采用一头三升，二层斗栱四铺作单下昂，昂形耍头；屋面灰色筒瓦铺排，琉璃剪边。

抚今追昔，只能从门前"重修石台袁世节施舍石窝"的题记中感叹古之先贤对文化信仰的虔诚供奉。

2006 年 5 月 25 日被国务院公布为第六批全国重点文物保护单位。

◀ 寺润三教堂侧面
▼ 寺润三教堂背面

33 三圣瑞现塔

SANSHENG RUI XIAN TA

　　三圣瑞现塔位于陵川县城西南 29 公里处的西河底镇积善村昭庆院西跨院内，俗称积善塔。据塔内第三层所嵌碑文，此塔隋已有之，金大定六年至九年（1166—1169）在原有基础上复建，明景泰三年（1452）修缮。砖塔由塔基、塔身、塔刹三部分组成。塔基两层，平面成方形，以青白条石砌筑；塔身十三层，以青砖砌筑，叠涩密檐，逐层向上收拢；塔刹由青砖砌筑的相轮和铸铁所制的宝盖组成，为当地的标志性建筑物。

　　作为金代密檐式砖塔，该塔沿用隋唐时期方形密檐式塔造型，形若西安小雁塔，融唐风于时代变迁之中，故有太行"小雁塔"之美誉。

　　2006 年 5 月 25 日被国务院公布为第六批全国重点文物保护单位。

◀ 三圣瑞现塔全景
▼ 三圣瑞现塔正殿

34 玉泉东岳庙
/ *YUQUAN DONGYUE MIAO*

玉泉东岳庙位于陵川县城西南 15 公里处的附城镇玉泉村东高岗。庙宇坐北朝南，一进院落，占地面积约 4340 平方米。其创建年代不可稽考，据庙内现存碑碣及东耳殿金正隆元年（1156）题记，金代已存，元明清三朝或修缮或增建。现存正殿为金代风格，其余建筑明清风格。

庙宇不言，见证沧桑过往，玉泉东岳庙也浸润着近现代社会文化传承的精神熏陶。

2006 年 5 月 25 日被国务院公布为第六批全国重点文物保护单位。

◀ 玉泉东岳庙全景
▼ 玉泉东岳庙正殿

35 石掌玉皇庙
/ SHIZHUANG YUHUANG MIAO

　　石掌玉皇庙位于陵川县城东南 7 公里处的潞城镇石掌村。庙宇坐北朝南，依地势高下分为三进院落，南北长，东西宽，占地面积 1438 平方米。

　　创建年代不详，现存建筑中正殿为金代风格，其余建筑明清风格。正殿建于 1.2 米高的石砌台基上，面阔三间，进深六椽，梁架结构为四椽栿对前乳栿用三柱，檐下斗栱四铺作单下昂，当心间施板门，两次间直棂窗，单檐歇山顶。

　　清风袭来，檐下风铃随风摇曳，在蔚蓝天空下，与那翼角的曲线、屋面的脊饰、精湛的木雕、盘旋的飞鸟，古建与人文交相辉映，共同演绎一幅构图精巧的画卷。

　　2006 年 5 月 25 日被国务院公布为第六批全国重点文物保护单位。

◀ 石掌玉皇庙全景
▼ 石掌玉皇庙正殿

36 南神头二仙庙

/ *NANSHENTOU ER XIAN MIAO*

南神头二仙庙位于陵川县城东南 14 公里处的潞城镇石圪垴村东南 1 公里南神头山坡。庙宇坐北朝南，一进院落。南北长 46.7 米，东西宽 21.3 米，占地面积 995 平方米，奉祀"冲惠、冲淑"二仙。

创建年代不详，据庙内存碑记载，清代或重修或增建。现存建筑正殿据形制判断为金代遗构，其余建筑明清风格。正殿石砌台基，面阔三间，进深六椽，筒瓦屋面，琉璃剪边，单檐歇山顶；柱头、补间铺作均为单杪单昂五铺作、昂形耍头，不同者前者用真昂，后者用假昂。

此庙规模不大，处山林之间，巍巍青山掩映着古朴厚重的静幽古刹，可谓"山路十八弯，方得瞻古寺"。

2006 年 5 月 25 日被国务院公布为第六批全国重点文物保护单位。

◀ 南神头二仙庙全景
▼ 南神头二仙庙正殿

37 白玉宫
/ *BAIYU GONG*

白玉宫位于陵川县城西南 17 公里处的潞城镇郊底村西。庙宇坐北朝南，三进院落。南北长 102.7 米，东西宽 24.5 米，占地面积 2516 平方米。

创建年代不详，据金崇庆元年的《重修东海神祠记》推断，大安三年到崇庆年间（1211—1212）曾大修，时称东海神祠。明清至民国或修缮或增建，但名称发生变化，据明成化七年（1471）《重修玉帝行宫碑》，时称玉帝行宫；据清同治九年（1870）《阖社公议移来松峰例禁至界旧碑记》，时称白玉宫。现存建筑中正殿为金代遗构，余者明清建筑风格。

此庙院之谜团，在白玉之名。若真因过殿石柱似凝脂之玉而名"白玉宫"，诚可谓尊重了大众"首创精神"。

2006 年 5 月 25 日被国务院公布为第六批全国重点文物保护单位。

◀ 白玉宫全景
▼ 白玉宫正殿

38 崇安寺

/ CHONG'AN SI

崇安寺位于陵川县城西北隅卧龙岗。寺院坐北朝南，三进院落，南北长，东西宽，占地面积 5722 平方米。地处高岗之上，居高临下，俯视全城。

寺院创始于何年不详，据北宋庆历六年（1046）的《新修崇安寺三门碑》，在北宋太平兴国三年（978）已有相当规模，并赐额"崇安"，取"崇高安宁"之义；其后屡有修缮增建。寺院后院石佛殿现仍存隋唐时期的一佛二弟子二菩萨石刻，侧面印证了陵川自隋开皇十六年（596）置县的悠久历史，当地人给以"先有崇安，后有陵川"的赞誉。

崇安寺作为陵川县城内久负盛名的古建筑群，集宋金元明清不同时期的历史文化艺术于一身，彰显出陵川深厚的历史文化底蕴。

2006 年 5 月 25 日被国务院公布为第六批全国重点文物保护单位。

◀ 崇安寺全景
▼ 崇安寺正殿

39 郭壁村古建筑群

　　郭壁村古建筑群位于沁水县城东南 50 公里处的嘉峰镇郭南、郭北两村，现存文物院落 62 处，占地面积 3 万余平方米。郭壁之得名，源于其居于沁河西岸，远望如城郭之外壁。

　　村落形成于何时不可稽考，据明嘉靖七年（1528）郭南村崔府君庙的《郭壁府君庙重修记》，至迟在北宋元丰八年（1085）已有村落繁衍生息。明清时期，这里地处沁河水旱码头，交通便利，为当时的商贸重镇，"日进斗金"，

▼ 郭壁村全景

俗谓"金郭壁"。经济繁荣也带来了文化的兴盛，从现存建筑看，郭南有张家十三串院，赵家题匾的绍平原阁楼等；郭北有韩家所筑的中宪第，王家所筑的三槐里、青缃里等。

历史远去，建筑仍存，古诗云"旧时王谢堂前燕，飞入寻常百姓家"。

2006年5月25日被国务院公布为第六批全国重点文物保护单位。

40 窦庄古建筑群
/ DOU ZHUANG GU JIANZHU QUN

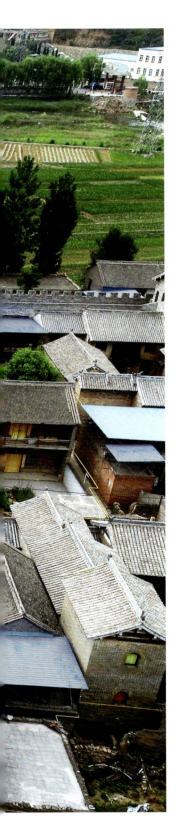

窦庄古建筑群位于沁水县城东南 48 公里处的嘉峰镇窦庄村。古村落南北长约 200 米，东西宽约 190 米，总面积 3.34 万平方米。据《窦氏家谱》载，窦氏原籍陕西扶风，至窦勋祖父时，因在外做官常居沁水，后葬于窦庄西卧牛山下，后其家族依冢而居营建村落。窦勋生于北宋大中祥符七年（1014），卒于北宋庆历六年（1046），依此推算，该村已有近千年历史。现存的木制祭祀牌位 3 副，均为"宋赠"，说明窦氏一族在北宋中晚期已门庭显赫。窦氏在卧牛山下营建祖冢后，为了恩荫后人，在卧牛山侧瓮水滩划拨西曲里（今曲堤村）给当地张姓族人，为其家族守墓，至迟到明万历时，张氏一族也迎来辉煌时代，明清两代窦、张两姓有进士多达 6 人。窦庄与郭壁近在咫尺，两相对比，前者善于做官，后者长于经商，官员的收入以俸银为主，故有"银窦庄"之谓。

窦庄原有外城，于 20 世纪 70 年代拆除，现仅存内城。因其仿北京城而建，当代人也称之为"小北京"。斯人已去，建筑长存，走进古城慢生活，聆听多彩沁河事，正成为越来越多都市人休憩身心的选择。

2006 年 5 月 25 日被国务院公布为第六批全国重点文物保护单位。

◀ 窦庄古建筑群全景
▼ 城墙

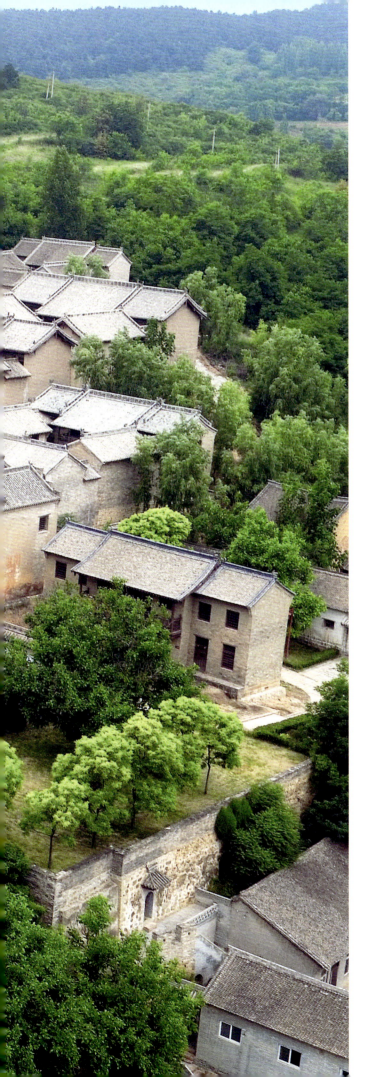

41 柳氏民居
/ LIUSHI MINJU

    柳氏民居位于沁水县城西南 30 公里处的土沃乡西文兴村。柳氏民居始建于明永乐年间（1403—1424），由唐宋八大家之一的柳宗元后裔所建。整个建筑群东西约 220 米，南北约 150 米，占地面积约 3.3 万平方米。

    有明一代，较有影响的人物有三代柳骏，明成化十六年（1480）举人；六代柳遇春，明嘉靖二十五年（1546）举人；前者获赠文职六品散官承德郎，后者官至陕西同州（大致今陕西省大荔县）知州。有清一代，较有影响的人物为十二代柳春芳，其以经商发迹，嘉庆年间（1796—1821）曾捐饷、赈灾，获赠文职四品散官中宪大夫。

    柳氏民居四面环山，建于高岗之上，林色葱郁，风景雅致，犹如山水田园，充满诗情画意。

    2006 年 5 月 25 日被国务院公布为第六批全国重点文物保护单位。

◀ 柳氏民居全景

42 湘峪古堡
/ XIANGYU GU BAO

湘峪古堡位于沁水县城东南 50 余公里处的郑村镇湘峪村。古堡东西长 280 米，南北宽 100~150 米，面积约 3.25 万平方米。堡墙宽 4 米，最高处达 25 米，周长 2300 多米。其创建年代不详，至迟在明代已有之。堡墙始建于明天启三年（1623），竣工于明崇祯七年（1634），由孙居相、孙鼎相、孙可相三兄弟主持修建。孙居相为明万历二十年（1592）壬辰科进士，官至总督仓场。孙鼎相为明万历二十六年（1598）

▼ 湘峪古堡全景

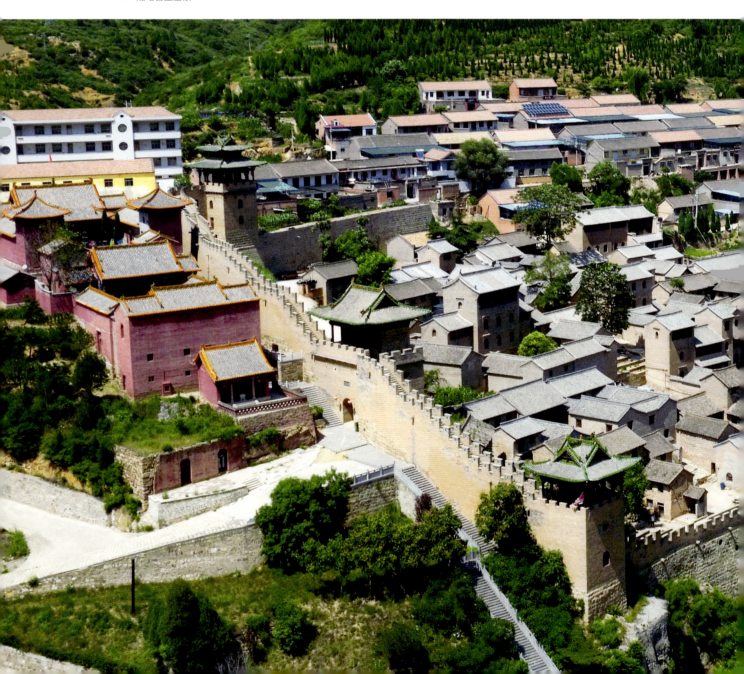

戊戌科进士，官至湖广巡抚。现存建筑有城墙、藏兵洞、帅府、三都堂、双插花院等。从其南侧可登山而望之，一湾碧水映衬气势巍峨的堡墙与藏兵洞，城内民居建筑鳞次栉比，见证着明末乱世乡民筑堡自守的历史，被誉为"中国北方乡村第一明代古城堡"。

2006年5月25日被国务院公布为第六批全国重点文物保护单位。

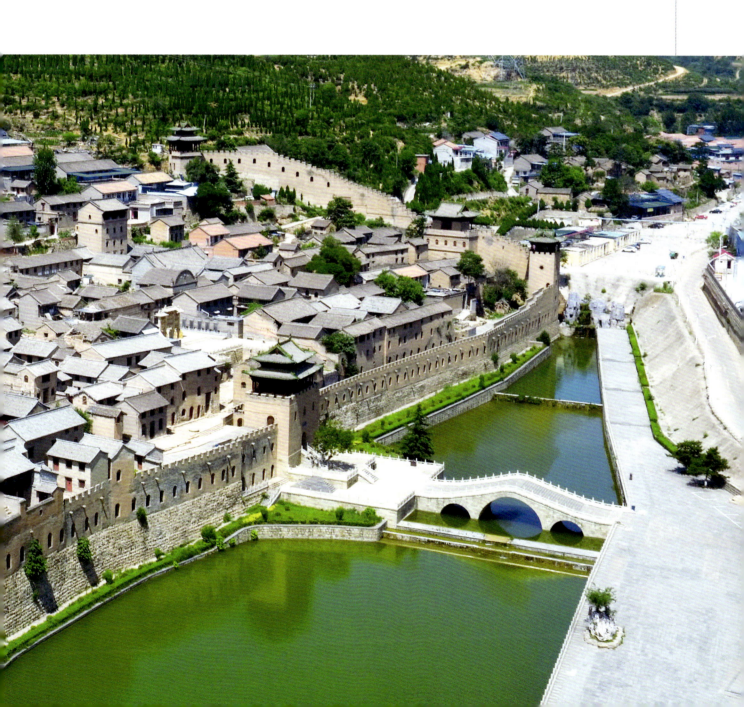

43 河底成汤庙

/ HEDI CHENGTANG MIAO

　　河底成汤庙位于晋城市区西北 21 公里处，泽州县大东沟镇河底村北土岗上。庙宇坐北朝南，一进院落，南北长，东西宽，占地面积约 1439 平方米。创建年代不详，现存建筑中成汤殿为北宋遗构，其余建筑明清风格。成汤殿石质门框上的有北宋大观二年（1108）题记，2016 年维修时，还曾发现有五代后周广顺三年（953）碑刻，说明至迟后周时，庙宇已颇具规模。自远观之，庙宇建于层层垒砌的砖石台基之上，便于庙内主神商汤祷雨，四时润泽大地，佑护一方五谷丰登。

　　2013 年 3 月 5 日被国务院公布为第七批全国重点文物保护单位。

◀ 河底成汤庙全景
▼ 河底成汤庙正殿一排

44 高都景德寺

GAODU JINGDE SI

　　高都景德寺位于晋城市区东北20公里处的泽州县高都镇高都村。寺院坐北朝南，两进院落，南北长，东西宽，占地面积约3376平方米。据清雍正版《泽州府志》、乾隆版《凤台县志》载，该寺创建于唐代，旧名慈善寺，且有北宋敕牒。现存正殿宋金遗构，其余建筑明清建筑风格。正殿六根前檐青石柱上，存有北宋元祐二年（1087）、金泰和五年（1205）的题记。北宋敕牒今不见，现有金泰和八年（1208）的敕牒碑，碑文内容几同旧志所记。寺院自1956年起曾作为高都粮站使用，近年经过全面修缮，恢复了寺院的历史风貌。高都景德寺，布局规整，规模宏大，自唐代创建传承至今，已然成为高都镇独树一帜的历史文化景观。

　　2013年3月5日被国务院公布为第七批全国重点文物保护单位。

◀ 高都景德寺全景
▼ 高都景德寺正殿

高 都 景 德 寺

45 坛岭头岱庙

/ TANLINGTOU DAI MIAO

  坛岭头岱庙位于晋城市区东北 30 公里处的泽州县北义城镇坛岭头村北土岗。庙宇坐北朝南，一进院落，占地面积约 1704 平方米。创建年代不详，现存建筑中正殿为金代遗构，其余建筑明清风格。正殿当心间檐柱上可见金大定二十年（1180）题记。庙内供奉主神东岳泰山神，其名号自唐以来累见加封，唐称"天齐王"，宋称"天齐仁圣帝"，元称"天齐大生仁圣帝"。

  巍巍岱庙，盘峙高岗，融建筑演变与历史人文于一体，颇为万千历史文化爱好者所瞩目。

  2013 年 3 月 5 日被国务院公布为第七批全国重点文物保护单位。

◁ 坛岭头岱庙全景
▽ 坛岭头岱庙正殿

46 尹西东岳庙
/ YINXI DONGYUE MIAO

尹西东岳庙位于晋城市区东北 32 公里处的泽州县北义城镇尹西村。庙宇坐北朝南，一进院落，南北长 50.8 米，东西宽 46.8 米，东侧另接一偏院，占地面积约 2377 平方米。创建年代不详，现存天齐殿为金代遗构，其余建筑明清风格。据金明昌五年（1194）天齐殿檐柱题记，至迟在此时，庙宇已大有规模，以后历代屡有修缮或增建。庙内主神为泰山神。

整个建筑，因地势而建，布局紧凑，做工精致，置身其中，既能感受到乡民对信仰的虔诚，也能感受到神人两相宜的俗世生活，是见证地方建筑形制演变和乡土文化传承的又一实物遗存。

2013 年 3 月 5 日被国务院公布为第七批全国重点文物保护单位。

◀ 尹西东岳庙全景
▼ 尹西东岳庙天齐殿

47 西顿济渎庙

西顿济渎庙位于晋城市区东北 21 公里处的泽州县高都镇西顿村。庙宇坐北朝南，一进院落，占地面积 1294 平方米。据金大定二十九年 (1189)《新修济渎庙记》碑刻和正殿檐柱北宋宣和四年 (1122) 题记，庙宇始建于宣和四年，焦诚捐地号召邑众共建，但因宋金战火，工程岁修月营，时断时续，直至大定二十九年春才告竣工。此庙既有建筑学史意义，还具有水利研究价值。古时人们将长江、黄河、淮河、济水四水奉为四渎，足见济水之大。时至今日，由于河流改道等原因，济水河道已为海河所占，难觅其踪影。金代乡民于泽州西顿之境就近新建济渎庙，以祈求风调雨顺。济渎庙，同济源、济南、济宁等地名一道，共同承载着济水的磅礴过往和文化记忆。

2013 年 3 月 5 日被国务院公布为第七批全国重点文物保护单位。

◀ 西顿济渎庙全景
▼ 西顿济渎庙正殿一排

48 川底佛堂
/ CHUANDI FOTANG

川底佛堂位于晋城市区西北 21 公里处的泽州县川底镇川底村。佛堂坐北朝南，一进院落。东西宽 13.1 米，南北长 17.8 米，占地面积 230 余平方米。其创建年代不详，据元至顺三年 (1332)《重修佛殿记》碑刻可知，元代曾重修，余为明清风格。重修之时，庙貌犹存，基址未完。与晋城其他地区的元代寺庙建筑相较，其正殿建筑仍存宋金之风。如今的川底佛堂以其特有的青砖灰瓦之韵，传承着历史文脉。

2013 年 3 月 5 日被国务院公布为第七批全国重点文物保护单位。

◀ 川底佛堂全景
▼ 川底佛堂院内

49 史村东岳庙
/ SHI CUN DONGYUE MIAO

　　史村东岳庙位于晋城市区西北 18 公里处的泽州县下村镇史村。庙宇坐北朝南，两进院落，占地面积 1163 平方米。创建年代不详，自元至今，屡有修缮增建，现存正殿为元代风格，其余建筑明清风格。正殿面阔七间，每间宽度一致，异于一般古建筑开间逐次缩减的营建手法；殿内则使用移柱减柱造以增大观瞻神像的空间。整个建筑群中轴线由南至北为山门（兼戏台）、中殿、正殿，两侧为钟鼓楼、东西厢房、东西配殿等，布局对称规整。主神奉祀泰山神东岳大帝。山门处如双臂开的八字影壁，以及两侧翼角飞扬的钟鼓楼，仿佛是在以古建筑特有的隆重礼仪迎接八方贵宾。

　　2013 年 3 月 5 日被国务院公布为第七批全国重点文物保护单位。

◀ 史村东岳庙全景
▼ 史村东岳庙正殿

50 水东崔府君庙

水东崔府君庙位于晋城市区东北 17 公里处的泽州县金村镇水东村。庙宇坐北朝南，一进院落。南北长 35.2 米，东西宽 23.7 米，占地面积 834 平方米。创建年代不详，据《重修齐圣广佑王庙》碑及正殿檐柱题记记载，元至元三十年（1293）、大德四年（1300）、明万历二十一年（1593）重修，其后屡有修缮或增建。现存正殿为元代遗构，其余建筑为明清风格。

晋城有三处崔府君庙。关于崔府君究为何人，考诸典籍，说法不一，只知其奉祀活动以南宋为盛，这是两宋扶植名教以官方名义封神的见证。

2013 年 3 月 5 日被国务院公布为第七批全国重点文物保护单位。

◀ 水东崔府君庙全景
▼ 水东崔府君庙正殿

水东崔府君庙

51 薛庄玉皇庙

/ XUE ZHUANG YUHUANG MIAO

薛庄玉皇庙位于晋城市区东北 22 公里处的泽州县高都镇薛庄村。庙宇坐北朝南，一进院落。南北长，东西宽，占地面积约 890 余平方米。创建年代不详，现存建筑中正殿为元代风格，其余建筑明清风格。中轴线上由南至北依次有山门（兼戏台）、正殿，两侧依次为东西妆楼、东西厢房、东西耳殿。正殿内东西北三面存有壁画，内容为四大天王、瑞兽花鸟、戏文故事等。庙内供奉玉帝。

整个建筑群，规范严整，对称布局，体现出稳定有序、含蓄内敛的文化风格和设计理念。

2013 年 3 月 5 日被国务院公布为第七批全国重点文物保护单位。

◀ 薛庄玉皇庙全景
▼ 薛庄玉皇庙正殿

52 坪上汤帝庙
/ PINGSHANG TANGDI MIAO

坪上汤帝庙位于晋城市区西 26 公里处的泽州县周村镇坪上村。庙宇坐北朝南，一进院落，占地面积 1600 平方米。其创建于金大定二十四年 (1184)，后因明正统年间长河洪水肆虐，建筑多被冲毁，洪水过后乡民收集遗留下来的建筑构件，迁建新址，以后各代屡有修缮增建。现存正殿、西耳殿为金代建筑风格，正殿、山门为元代建筑风格，其余为明清建筑风格。庙内祭祀主神商汤。

其历经 800 余年沧桑岁月，以建筑特有的叙事方式，赓续着华夏文明的传承与嬗变。

2013 年 3 月 5 日被国务院公布为第七批全国重点文物保护单位。

◀ 坪上汤帝庙全景
▼ 坪上汤帝庙正殿

53 府城关帝庙
/ FUCHENG GUANDI MIAO

　　府城关帝庙位于晋城市区东北 13 公里处的泽州县金村镇府城村。庙院坐北向南，由南至北依地势高低分成四进院落，主庙及其三义殿外各附属小庙，占地面积约 6000 平方米。据二道山门处残碑碑文"府城村其东岗有三义庙创自明纪崇祯癸酉"推断，该庙创建于明崇祯六年（1633），此后屡有修缮或增建，总体为明清建筑风格。最引人注目的是三义殿的四根浮雕石柱，自东向西，第一根石柱雕郭子仪拜寿故事，柱上现存"七子八婿、皆朝廷显贵"题记，寓意富贵长寿、子嗣兴旺；第二根石柱为隋唐演义故事，表现瓦岗寨群英反抗暴隋的历史风云，有持月牙板斧的瓦岗寨寨主程咬金、惯用撒手锏的秦琼、手拿梅花枪的罗成；第三根石柱为封神榜故事，以神魔故事表达人们四海升平、天下安宁的期盼；第四根石柱为九世同居故事，教化人们处理家庭关系，要礼让和睦、恭顺孝慈、心胸宽广。

　　2013 年 3 月 5 日被国务院公布为第七批全国重点文物保护单位。

◀ 府城关帝庙全景
▼ 府城关帝庙正殿

54 大周村 古寺庙建筑群

/ DAZHOU CUN
GU SIMIAO JIANZHU QUN

　　大周村古寺庙建筑群位于高平市区西南 20 公里处的马村镇大周村。整个建筑群包括资圣寺、五虎庙、汤王庙、元帝阁、百子桥、北宋地道等。

　　大周村始名何时不可稽考，相传北周将领杨篡曾镇守此地，故名周篡镇。据该村北魏孝明帝正光二年（521）《碑刻魏故襄威将军积射将军郭君志铭》，至迟在北魏时，该村已为一方巨镇。

　　现存建筑既有北宋时期的地道、资圣寺，也见元代的汤王庙，还有明清时期的武汉庙、元帝阁、百子桥等。

　　当您徜徉于此，品味这沉淀厚重的历史文化，必将会对"读万卷书、行万里路"有更深切的感触。

　　2013 年 3 月 5 日被国务院公布为第七批全国重点文物保护单位。

55 三王村三嵕庙
/ SANWANG CUN SANZONG MIAO

三王村三嵕庙位于高平市区东南 11 公里处，米山镇三王村南岭上。庙宇坐北朝南，由东西两院，各一进院落组成，占地面积约 1592 平方米。其创建年代不详，曾于北宋宣和年间（1119—1125）重修，现存正殿为金代建筑，余皆明清建筑。庙内所祀三嵕神，明天顺五年（1461）的《大明一统志》卷二十一记载："三嵕山，在屯留县西北三十五里，一名麟山，有三峰高峻。书汤伐三嵕，又为后羿射九乌之所。"高平市现存的其他有关三嵕崇拜的庙宇中也见"敕封护国灵贶王三嵕尊神"的记载。民间口耳相传，三嵕不仅能兴云致雨，更能消弭冰雹，是保佑一方风调雨顺、五谷丰登的山神。

年复一年，乡民依托这构筑于山岭间的神祠，春祈秋报，生息繁衍，赓续文明。

2013 年 3 月 5 日被国务院公布为第七批全国重点文物保护单位。

◀ 三王村三嵕庙全景
▼ 三王村三嵕庙正殿

56 高平嘉祥寺
/ *GAOPING JIAXIANG SI*

　　高平嘉祥寺位于高平市区东北 11.5 公里处的三甲镇赤祥村。寺院坐北朝南，二进院落布局，占地面积约 1500 平方米。

　　寺院创建年代不详，据寺内现存经幢可知，至迟后周广顺三年（953）已蔚然有象，其后代有营建。现存毗卢殿为金代遗构，大雄宝殿为元代遗构，余皆明清建筑。"嘉祥"之名颇富意蕴，起于何时难以考辨，当地人常谓之"寺为降祥之区，而村为受之地"，或可理解为自五代后周以来干戈扰攘，民生日艰，人们祈盼吉庆幸福、携手共铸和平安宁以现嘉祥的写照。

　　2013 年 3 月 5 日被国务院公布为第七批全国重点文物保护单位。

◀ 高平嘉祥寺全景
▼ 高平嘉祥寺大雄宝殿

57 石末宣圣庙
/ SHIMO XUANSHENG MIAO

　　石末宣圣庙位于高平市区东南 25 公里处的石末乡石末村中。庙宇坐北朝南，一进院落，占地面积约 1240 平方米。据庙内碑文记载，其创建于元大德八年（1304）。现存正殿为元代遗构，其余建筑为明清风格。

　　宣圣之名，与尊奉孔子有关。汉平帝元始元年（公元元年）"追谥孔子曰褒成宣尼公"，以后历代皆尊孔子，号之为先师、先圣直至宣圣。高平市博物馆北宋元祐三年（1088）《宣圣小景》碑载："唐吴道子画孔子为鲁司寇时像二本。乘车而群弟子从者，谓之图；立而颜渊侍者，谓之小影。司门郎中王伯瑜传小影于仙源孔氏，盖孔子四十七代孙袭封衍圣公蒙之所藏也。传于棣州，摹石于学中。世人画宣圣，往往讹谬，不足考信。此小影与今朝廷诏其家献秘阁者，乃此本也，是知无妄矣。"寥寥数语，实证中国近代思想家、政治家、教育家、史学家、文学家梁启超遍览诸样文献而得的"最古之史，实为方志"之论。

　　2013 年 3 月 5 日被国务院公布为第七批全国重点文物保护单位。

◀ 石末宣圣庙全景
▼ 石末宣圣庙正殿

58 良户玉虚观
/ *LIANGHU YUXU GUAN*

　　良户玉虚观位于高平市区西南 17 公里处的原村乡良户村。建筑坐北朝南，三进院落，南北长 65.88 米，东西宽 23.17 米，占地面积约 1530 平方米。其创建年代不详。据正殿须弥座台明上"金大定十八年四月十六日记石匠北赵庄赵琮赵进"的题记，推断至迟金大定十八年（1178）庙院已存在。另据元至元十六年（1279）刊立的金代状元李俊民撰文的《新修玉虚观碑记》中"遂易庵为观，额曰'玉虚'"的记载，该建筑曾为佛教寺院，于元代全真教盛行时改名。现存正殿为元代遗构，其余为明清建筑。玉虚观已成凝固的诗篇，化生童子浅浮雕活灵活现，壶门若似蒙古包，展现出古代建筑匠人高超的技艺水平。

　　2013 年 3 月 5 日被国务院公布为第七批全国重点文物保护单位。

◀ 良户玉虚观全景
▼ 良户玉虚观正殿

59 董峰万寿宫

/ *DONGFENG WANSHOU GONG*

　　董峰万寿宫位于高平市区西 20 公里处的原村乡上董峰村。庙宇坐北朝南，二进院落，占地面积约 5600 平方米。据元至元二十一年 (1284)《仙姑祠堂记》、元至治二年 (1322)《重修万寿宫记》可知，其创建于蒙古太宗十二年 (1240)，其后屡有修缮增建。庙内供奉马仙姑，俗称圣姑庙。她于蒙古太宗八年 (1236) 迁居上董峰村，以道家养生修炼为事，常为百姓治病疗疾，故当地信众建庙而祠。现存三教殿、圣姑殿为元代遗构，其余建筑明清风格。整个建筑群布局紧凑，玲珑有致，融三教信仰一体，为当地神庙建筑之杰作。

　　2013 年 3 月 5 日被国务院公布为第七批全国重点文物保护单位。

◀ 董峰万寿宫全景
▼ 董峰万寿宫三教殿

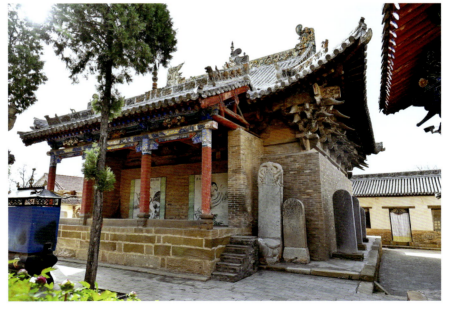

董
峰
万
寿
宫

60 南庄玉皇庙
/ NANZHUANG YUHUANG MIAO

　　南庄玉皇庙位于高平市区东南 27 公里处的河西镇南庄村南。庙宇坐北朝南，三进院落，南北长，东西宽，占地面积约 2500 平方米。据明代《大明国河东南路泽州高平陵川县举西乡南鲁村仲社愿心人等同修昊天玉帝行宫》碑记，知其创建于东汉建武二年（26）。据建筑形制判断，玉皇殿、祖师殿为元代遗构，其余建筑明清风格。庙内供祀主神为玉皇，另有祖师、阎罗、虫王、药王、三官、二郎等神明。

　　整个建筑群因形就势而建，高低错落，位于高平、泽州、陵川三县交界村庄间的黄土塬地之上，自远观之，群山簇拥着庙宇，于天地之间彰显出庙宇的恢宏、信仰的虔诚。

　　2013 年 3 月 5 日被国务院公布为第七批全国重点文物保护单位。

◀ 南庄玉皇庙全景
▼ 南庄玉皇庙祖师殿

南庄玉皇庙

61 建南济渎庙

JIANNAN JIDU MIAO

　　建南济渎庙位于高平市区东北 25 公里处的建宁乡建南村南翠屏山。庙宇坐北朝南，三进院落，占地面积约 3358 平方米。庙宇创建年代不详，据建筑形制判断，中殿、后殿、四渎殿为元代遗构，余者明清建筑风格。

　　济渎庙是古人对水神自然崇拜的现实反映，"江河淮济，谓之四渎。夫渎为神，御灾捍患，生物泽物"。由于济水发源于河南省济源市王屋山，与晋城山川地理相连，是故晋城地区也不乏济渎崇拜的庙宇。

　　走进济渎庙内，感受的不仅仅是建筑的瑰丽，更是对中济世安民、上善若水等传统文化的致敬。

　　2013 年 3 月 5 日被国务院公布为第七批全国重点文物保护单位。

◀ 建南济渎庙全景
▼ 建南济渎庙后殿

62 仙翁庙
/ XIANWENG MIAO

仙翁庙位于高平市区西北 8 公里处的寺庄镇伯方村。庙宇坐北朝南，由上下两进院落组成，南北长 73.03 米，东西宽 41.3 米，占地面积约 3016 平方米。其创建年代不详。据庙内碑刻记载，唐宋时已有之，元皇庆二年（1313）与明成化七年（1417）、景泰六年（1455）、嘉靖十七年（1538）等多次重修。现存仙翁殿仍有元代建筑遗风，余皆明清建筑风格。仙翁殿内存明代壁画 130 余平方米，内容为"张果老见明皇"与"明皇泰山封禅"。结合碑刻所见"总圣仙翁庙"之称，庙内所祀者应为唐玄宗与张果老。

仙翁殿"张果老见明皇"故事壁画，既彰显出李唐王朝对道家的推崇，又展现出盛唐的艺术创作理念，饶富历史文化之趣。

2013 年 3 月 5 日被国务院公布为第七批全国重点文物保护单位。

◀ 仙翁庙全景
▼ 仙翁庙正殿

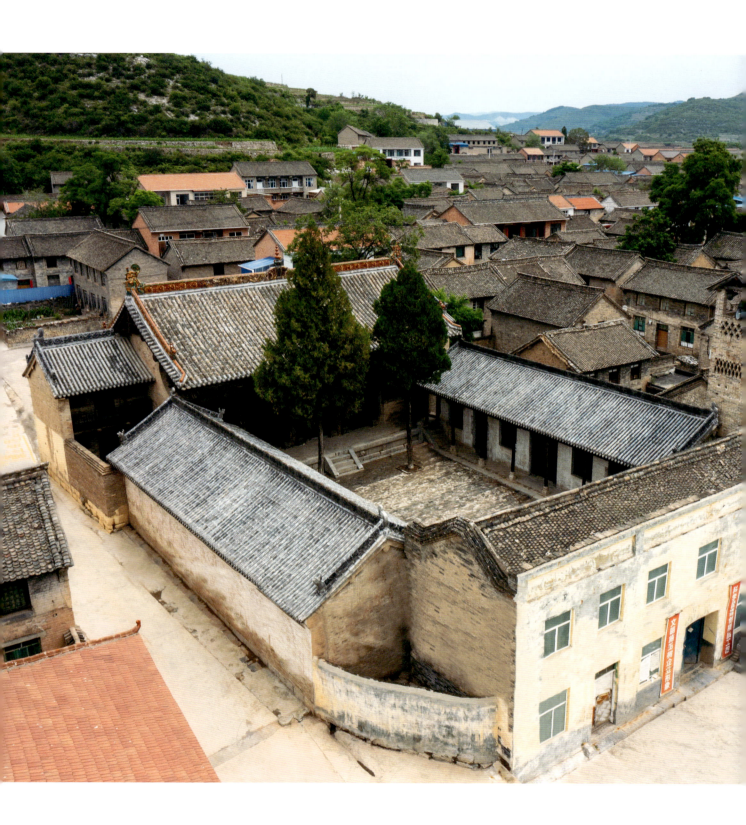

63 北马玉皇庙

/ *BEIMA YUHUANGMIAO*

　　北马玉皇庙位于陵川县城西南 15 公里处的附城镇北马村。庙宇坐北朝南，一进院落。南北长 32.9 米，东西宽 26.1 米，占地面积 859 平方米。根据建筑形制判断，现存正殿为金代建筑风格，余皆明清建筑风格。

　　庙内供祀主神玉皇。正殿面阔五间，单檐悬山顶，筒瓦屋面，琉璃剪边，进深六椽，前后檐各施梭柱六根，柱头铺作六朵。前檐柱头铺作外转七铺作单杪三下昂计心造，耍头昂状；里转三跳六铺作出计心造；后檐柱头铺作外转四铺作单下昂计心造，里转一跳偷心造。

　　2013 年 3 月 5 日被国务院公布为第七批全国重点文物保护单位。

◀ 北马玉皇庙全景
▼ 北马玉皇庙正殿

64 南召文庙
/ NANZHAO WENMIAO

南召文庙位于陵川县城东北 10 公里处的平城镇南召村。庙宇坐北朝南，一进院落。占地面积约 920 平方米。其创建年代不详。结合建筑形制及元至大四年（1311）的题记判断，至迟在元代，庙宇已蔚然有规。据庙内碑刻记载，明洪武二十二年（1389）以来屡有修缮。现存正殿为元代遗构，余皆明清建筑风格。庙内供奉孔子，可见国人对教育的高度重视。庙宇踞村北高台，就地势而建，亦庙亦学，庙学合一，彰显出乡民对至圣先师的崇敬，深刻地折射出国人尊师重教的优秀文化传统。

2013 年 3 月 5 日被国务院公布为第七批全国重点文物保护单位。

◀ 南召文庙全景
▼ 南召文庙正殿

65 陈廷敬故居
/ CHEN TINGJING GUJU

  陈廷敬故居位于阳城县城东北 18 公里处的北留镇皇城村。故居为城堡式建筑，东依樊山、西临樊溪，分为内外两堡，总占地面积约 3.6 万平方米。内堡由陈廷敬的伯父陈昌言于明崇祯六年（1633）主持修建，名"斗筑居"；外堡由陈廷敬于康熙三十八至四十二年（1699—1703）主持修建，名"中道庄"。中道庄的城墙色若土黄，民间又称其为黄城村。陈廷敬（1638—1712）原名陈敬，清顺治十五年（1658）戊戌科进士，因同年进士中有同名者，顺治皇帝特命加"廷"。

  陈廷敬作为《大清一统志》《明史》《康熙字典》等书籍的总裁官，为官清正，受到清廷的器重与褒奖。康熙为其亲书"午亭山村"匾额和"春归乔木浓阴茂，秋到黄花晚节香"的对联。谥号文贞。

  改革开放后，依托古堡内涵的历史文化，大力发展文化旅游产业，举各方之力恢复古堡历史文化风貌，改村名皇城村。如今的皇城相府于山势掩映之中集巍峨壮伟隽秀迤逦于一身，成为人们怀古叙旧的好所在好去处。

  2013 年 3 月 5 日被国务院公布为第七批全国重点文物保护单位。

◀ 陈廷敬故居全景

66 泽州崇寿寺

/ *ZEZHOU CHONGSHOU SI*

泽州崇寿寺位于晋城市区北 25 公里处的泽州县巴公镇西郜村。建筑坐北朝南，三进院落，占地面积约 3200 平方米。其创建年代不详，据寺内现存北魏造像碑和元代皇庆元年(1312)《重修崇寿寺碑记》，至迟在北魏时期已有之，唐开元七年(719)重修，北宋太平兴国三年(978)敕赐院额号崇寿之寺，后世累有修缮或增建。现存释迦殿为宋金遗构，余者明清建筑风格。寺内主祀佛教神明，兼祀关帝。

整个建筑群，气势宏伟，殿堂壮丽，为一方胜境。

2019 年 10 月 16 日被国务院公布为第八批全国重点文物保护单位。

◀ 泽州崇寿寺全景
▼ 泽州崇寿寺释迦殿

田庄全神庙

田庄全神庙位于陵川县城西南 13 公里处的附城镇田庄村。建筑坐北朝南，一进院落，占地面积约 548 平方米。创建年代不详，据建筑形制判断，现存正殿为元代风格，余者为明清建筑。

"全神"之称，晋城所辖其他五县诸庙均不见。庙内正殿西山墙存明万历三十九年（1611）碑刻，载其刻碑的初衷为重修真泽庙及诸祠。可见，全神庙祭祀的既有晋东南地区二仙信仰中的"冲惠、冲淑"二仙姑，也有与百姓日常生活密切相关的诸种神明，碑刻中可辨识者有龙王、虸蚄、碧霞元君、高禖、三官等，代表着人们对美好生活的希冀，也代表着人们对于有大功于社会者的崇敬。

2019 年 10 月 16 日被国务院公布为第八批全国重点文物保护单位。

◀ 田庄全神庙全景
▼ 田庄全神庙正殿

68 团东清化寺

团东清化寺位于高平市区东北 10 公里处的神农镇团东村。建筑坐北向南，三进院落，南北总长 76.52，东西总宽 36.36，占地面积约 2782 平方米。据寺内现存碑碣所记，寺院唐已有之，后世累有修缮增扩，成就今日规模。整个建筑群依地势而建，北高南低，布局对称，体量宏大。现存如来殿、东禅殿具有元代建筑风格，余皆明清建筑风格。同处神农镇的羊头山神农庙内存有唐天授二年（691）《泽州高平县羊头山清化寺碑》，言神农尝百草教民稼穑事，可知此寺虽为佛寺，亦含追慕神农之意。

2019 年 10 月 16 日被国务院公布为第八批全国重点文物保护单位。

◀ 团东清化寺全景
▼ 团东清化寺如来殿

136

69 阳城文庙

/ YANGCHENG WENMIAO

阳城文庙位于阳城县城东街南城上 1 号。庙宇坐北朝南，二进院落，占地面积约 1640 余平方米。据《阳城县志》载，其名孔圣庙，创建于北宋，明洪武年间（1368—1398）重建。清康熙二十八年（1689）大成殿灾毁重修，道光十九年（1839）大成殿广为 5 间，增修崇圣祠东西庑、戟门等，现存建筑为明清风格。整个建筑群布局规整、结构严谨、庄严肃穆，中轴线上由南至北依次为棂星门、泮池、过殿、大成殿，东西两侧为乡贤祠、名宦祠、厢房。

1946 ～ 1949 年曾作为太岳军区司令部阳城旧址，为新民主主义革命胜利做出过巨大贡献。

2019 年 10 月 16 日被国务院公布为第八批全国重点文物保护单位。

◀ 阳城文庙全景
▼ 阳城文庙大成殿

70 阳城寿圣寺及琉璃塔

/ YANGCHENG SHOUSHENG SI JI LIULI TA

阳城寿圣寺及琉璃塔位于该县县城西北 23 公里处的芹池镇阳陵村东北。寺院坐北朝南，二进院落，南北长 44 米，东西宽 29 米，占地面积 1276 平方米。据清雍正版《泽州府志》，寺院于五代后唐（923—936）时由僧宗憨创建。北宋初名泗州院，宋真宗时（998—1016）毁天下无额寺院；天禧年间（1017—1021），僧人又重建；治平四年（1067）赐额寿圣禅院。明万历三十六年（1608）又增建琉璃塔。此后，经多次重修增扩。现存前殿、琉璃塔为明代建筑，余皆清代。

其独到之处，莫过于阳城乔氏琉璃烧制工艺，金碧辉煌，流光溢彩。明万历四十四年（1616），县生员李少白作《赠东岗乔契友》，赞曰："琉璃宝塔创阳陵，天赐乔公来赞成。白手涂形由性慧，红炉点色拟天生。神谋不爽愧三晋，巧制无双冠析城。巨业落成垂千古，君名高与碧云邻。"

2019 年 10 月 16 日被国务院公布为第八批全国重点文物保护单位。

◀ 阳城寿圣寺及琉璃塔全景
▼ 阳城寿圣寺及琉璃塔天王殿

71 高平铁佛寺
/ GAOPING TIE FO SI

　　高平铁佛寺位于高平市区东南 7 公里处的米山镇米西村。建筑坐北向南，一进院落，南北长 36.55 米，东西宽 24.42 米，占地面积 893 平方米。其创建年代不详，据正殿青石门墩侧面题记"记大定七年七月十三日铸造铁佛修铁佛寺，嘉靖元年十一月初八日重修……"，推断至迟在金大定七年（1167）已有之，明嘉靖元年（1522）重修。此外，正殿内东侧金柱顶部有墨书题记："大明国山西泽州高平县十三都米山西里，奉佛信男涉须、室人李氏，长男涉存，惟谨发诚心喜舍资财，许塑妆彩当阳佛并二大菩萨，全管金妆，永远记耳。"现存正殿建筑仍见宋金余韵，其余为明清风格。

　　铁佛已不存，有雕塑传世，尤以正殿内明代彩塑的佛教二十四诸天护法形象著称于世，体现出卓越的雕塑技艺和非凡的想象创造，誉为"冠绝海内明代第一彩塑"。

　　2019 年 10 月 16 日被国务院公布为第八批全国重点文物保护单位。

◀ 高平铁佛寺全景
▼ 高平铁佛寺佛像

怀覃会馆

　　怀覃会馆位于晋城市城区南街街道办事处驿后社区东巷 309 号，处于城市传统商业区。建筑坐北朝南，二进院落，其始建于清乾隆五十七年（1792），同周边的潞泽会馆、山陕会馆等一样，是河南商帮创建的，用于议事交流、维护权益、慰藉乡情，具有浓厚地域观念色彩。

　　不辞北上太行、南下中原的商旅运输、人员往来，有力地促进了晋豫两地的贸易联系和文化交流。

　　怀覃会馆不仅是彰显清代匠人高超技艺的建筑作品，更见证着晋城商业文化的兴衰更替沧桑变迁。

　　2019 年 10 月 16 日被国务院公布为第八批全国重点文物保护单位。

◀ 怀覃会馆全景
▼ 怀覃会馆献殿

参考文献

【专著】

[1] 刘金锋：《隋唐佛都青莲寺》，山西经济出版社，2012 年。

[2] 王宝库、王鹏：《佛国圣境：山西佛教寺庙与文化》，山西人民出版社，2005 年。

[3] 栾保群：《中国神怪大辞典》，人民出版社，2009 年。

[4] 丁福保：《佛学大辞典》，文物出版社，1984 年。

[5] 马书田：《中国佛教诸神》，团结出版社，1994 年。

[6] 薛荣哲：《泽州古代文化荟萃》，经济日报出版社，1989 年。

[7] 任继愈：《中国佛教史》，中国社会科学出版社，1985 年。

[8] 赵学梅：《唐风宋雨——山西晋城国宝青莲寺、玉皇庙彩塑赏析》，商务印书馆，2011 年。

【论文】

[1] 刘建美：《1956 年第一次全国文物普查述评》，《党史研究与教学》2011 年第 5 期，第 79 ~ 86 页。

[2] 刘建军：《〈大方等陀罗尼经〉的"十二梦王"石刻图像》，《文物》2007 年第 10 期，第 87 ~ 93 页。

[3] 李会智、高天：《山西晋城青莲寺史考》，《文物世界》2003 年第 1 期，第 24 ~ 32 页。

[4] 郭华瞻、温玉清：《晋城青莲寺环境景观的园林意匠浅析》，《新建筑》2012 年第 6 期，第 117 ~ 119 页。

[5] 肖迎九：《晋城青莲寺保护规划编制理念与方法初探》，《山西建筑》2011 年第 26 期，第 8 ~ 10 页。